Bibliografische Information der Deutschen Nationalbibliothek:

Die Deutsche Bibliothek verzeichnet diese Publikation in der Deutschen National-
bibliografie; detaillierte bibliografische Daten sind im Internet über http://dnb.d-
nb.de/ abrufbar.

Impressum:

Copyright © 2010 GRIN Verlag, Open Publishing GmbH
Druck und Bindung: Books on Demand GmbH, Norderstedt Germany
ISBN: 9783640545452

Dieses Buch bei GRIN:

http://www.grin.com/de/e-book/145303/hanna-reitsch

Ernst Probst

Hanna Reitsch

Die Pilotin der Weltklasse

GRIN Verlag

GRIN - Your knowledge has value

Der GRIN Verlag publiziert seit 1998 wissenschaftliche Arbeiten von Studenten, Hochschullehrern und anderen Akademikern als eBook und gedrucktes Buch. Die Verlagswebsite www.grin.com ist die ideale Plattform zur Veröffentlichung von Hausarbeiten, Abschlussarbeiten, wissenschaftlichen Aufsätzen, Dissertationen und Fachbüchern.

Besuchen Sie uns im Internet:

http://www.grin.com/

http://www.facebook.com/grincom

http://www.twitter.com/grin_com

Ernst Probst

Hanna Reitsch

Die Pilotin
der Weltklasse

Meiner Ehefrau Doris
gewidmet

Hanna Reitsch als einzige weibliche Teilnehmerin
beim Segelflug-Wettbewerb
auf der Wasserkuppe in der Rhön im August 1936
Foto: Bundesarchiv, Bild 183-W-0801-512 /
Becke, Heinrich von der / CC-BY-SA
(via Wikimedia Commons),
lizensiert unter CreativeCommons-Lizenz by-sa-3.0-de
http://creativecommons.org/licenses/by-sa/3.0/legalcode

Eine der besten, berühmtesten und erfolgreichsten Fliege-rinnen der Welt war die Deutsche Hanna Reitsch (1912–1979). Ihr Ruf als Pilotin von Weltklasse beruhte auf mehr als 40 Rekorden aller Klassen und Flugzeugtypen. Unter anderem wurde sie der erste weibliche Flugkapitän, flog als erste Frau einen Hubschrauber und unternahm den ersten Hubschrau-berflug in einer Halle.

Hanna Reitsch kam am 29. März 1912 als zweites von drei Kindern des Augenarztes Willy Reitsch und seiner aus einer alten Tiroler Adelsfamilie stammenden Ehefrau Emy Helff-Hibler von Alpenheim in Hirschberg im Riesengebirge (Schlesien) zur Welt. Ihr Vater leitete eine Augenklinik, die als Privatklinik dem dortigen Diakonissenhaus angegliedert war. Ihr älterer Bruder hieß Kurt (geboren 1908), ihre jüngere Schwester Heidi (geboren 1916).

Als Vierjährige wollte Hanna mit ausgebreiteten Armen vom Balkon des Elternhauses springen. Als ihre Mutter dies verhinderte und sagte „Kind – dann wärst du ja tot", fragte Hanna: „Wär ich dann beim lieben Gott? Tät er mich dann fragen: Hannerl, woll'n wir's hageln lassen?" Damals impo-nierte ihr nichts mehr als ein starker Hagel.

Obwohl Hanna gern und leicht lernte, blieb sie eine durch-schnittliche Schülerin. Ihr Übermut brachte ihr manchen Verweis ins Klassenbuch ein. Einmal löste sie während des Unterrichts die Jagd auf eine Maus im Klassenzimmer aus, obwohl dort gar keine war. Hausaufgaben erledigte die sportliche und schwindelfreie Hanna oft in der Krone eines Baumes. Wenn sie sich ungerecht behandelt fühlte, versteckte sie sich im Wald.

Nach dem Schulunterricht machte Hanna oft einen Umweg zur Klinik ihres Vaters und erzählte den Patienten Geschichten,

Segelflieger Wolfram („Wolf") Hirth (1900–1959),
Foto: Bundesarchiv, Bild 102-11940 / CC-BY-SA
(via Wikimedia Commons),
lizensiert unter CreativeCommons-Lizenz by-sa-3.0-de,
http://creativecommons.org/licenses/by-sa/3.0/legalcode

um sie von ihrer Krankheit abzulenken. Bereits mit 12 Jahren wünschte sie sich, fliegende Missionsärztin zu werden. Der Traum, fliegen zu können, ließ sie fortan nicht mehr los. In ihrer Freizeit radelte sie oft heimlich nach Grunau/Riesengebirge und sah den Segelflugschülern auf dem Galgenberg zu.

1931 legte die 19-Jährige am Realgymnasium in Hirschberg ihr Abitur ab. 1931/1932 besuchte die 1,54 Meter große und zierliche Hanna die „Koloniale Frauenschule" in Rendsburg. Dabei handelte es sich um eine hauswirtschaftliche Schule, in der Mädchen auf das Leben in den Kolonien vorbereitet wurden. In den Herbstferien 1931 machte Hanna in Grunau/ Riesengebirge bei Wolfram („Wolf") Hirth (1900–1959) einen Segelkurs, den ihr der Vater versprochen hatte, wenn sie bis zum Abitur nicht mehr vom Fliegen reden würde. Dort lernte sie Anfang der 1930-er Jahre auch den jungen Wernher von Braun (1912–1977) kennen, der später Raketenkonstrukteur wurde und mit dem sie ihr ganzes Leben lang befreundet war. Ab 1932 studierte Hanna Reitsch Medizin in Berlin und Kiel, weil sie fliegende Ärztin in Afrika werden wollte. Nebenher erwarb sie 1932 die Flugzeugführerscheine für den Segelflug in Grunau/Riesengebirge und für den Motorflug in Berlin-Staaken. Im selben Jahr gelang ihr in Grunau der erste Dauer-Segelflugrekord für Frauen, der fünfeinhalb Stunden dauerte. 1933 unterbrach Hanna Reitsch ihr Studium und begleitete den Segelflugpionier Wolf Hirth als Fluglehrerin an die neue Segelfliegerschule auf dem Hornberg bei Schwäbisch Gmünd. Als erste Frau der Welt erwarb Hanna Reitsch im Mai 1934 das Leistungsabzeichen im Segelflug. 1934 nahm sie an einer dreimonatigen Segelflug-Forschungsexpedition in Südamerika teil, die nach Brasilien und Argentinien führte. Das hierfür

*Wernher von Braun (1912–1977) in zivil im Frühjahr 1941
auf dem Raketen-Versuchsgelände in Peenemünde,
Foto: Bundesarchiv, Bild 146-1978-Anh.024-03 / CC-BY-SA
(via Wikimedia Commons),
lizensiert unter CreativeCommons-Lizenz by-sa-3.0-de,
http://creativecommons.org/licenses/by-sa/3.0/legalcode*

erforderliche Reisegeld von 3.000 Reichsmark verdiente sie, indem sie in dem UFA-Film „Rivalen der Luft" (1934) die Segelflugszenen doubelte. In jenem Jahr verschrieb sie sich ganz der Fliegerei und beendete nach vier Semestern Medizin ihr Studium.

Im Juni 1934 trat Hanna Reitsch als erste deutsche Forschungs- und Testpilotin in die „Deutsche Forschungsanstalt für Segelflug" in Darmstadt ein, der sie bis 1945 als Zivilangestellte angehörte. Anfangs führte sie zusammen mit dem Segelflieger Heini Dittmar (1911–1960) meteorologische Flüge über dem Rhein-Main-Gebiet durch. Später arbeitete sie für das „Institut für Segelflug" innerhalb der Forschungsanstalt als Einfliegerin und Testpilotin.

Im Sommer 1934 beteiligte sich Hanna Reitsch zusammen mit anderen Segelfliegern an einer dreiwöchigen Forschungs-reise nach Finnland, zu der die Regierung dieses Landes eingeladen hatte. Bei dieser Expedition wurde der Beweis erbracht, dass in Finnland der Segelflug möglich ist. 1935 verbrachte Hanna einige Sommerwochen in Finnland und half dortigen Fliegerkameraden bei der Entwicklung und Anlage neuer Flugplätze. 1936 glückte ihr der Strecken-Segelflug-weltrekord für Frauen über 305 Kilometer.

Der Oberbefehlshaber der „Deutschen Luftwaffe", Hermann Göring (1893–1946), ernannte am 17. Mai 1937 die 25-jährige Hanna Reitsch ehrenhalber als erste Frau der Welt zum „Flug-kapitän". Am 28. Oktober 1937 verlieh man auch Melitta Schenk Gräfin von Stauffenberg (1903–1945), geborene Schiller, den Titel „Flugkapitän", der sonst Flugzeugführern der „Deutschen Lufthansa" vorbehalten war.

General Ernst Udet (1896–1941) berief Hanna Reitsch im September 1937 als Versuchspilotin an die „Flugerprobungs-

Melitta Schenk Gräfin von Stauffenberg (1903–1945),
geborene Melitta Schiller,
Foto: Archiv Heiko Peter Melle, Autor, Albstadt

Ernst Udet (1896–1941) im „Flamingo"-Doppeldecker 1931,
Foto: Bundesarchiv, Bild 102-12228 / CC-BY-SA
(via Wikimedia Commons),
lizensiert unter CreativeCommons-Lizenz by-sa-3.0-de,
http://creativecommons.org/licenses/by-sa/3.0/legalcode

Hanna Reitsch beim Flug
mit dem Hubschrauber „Focke Wulf 61",
Foto: ADL (via Wikimedia Commons),
lizensiert unter CreativeCommons-Lizenz by-sa-3.0-en,
http://creativecommons.org/licenses/by-sa/3.0/legalcode

schule der Luftwaffe" nach Rechlin am Müritzsee (Mecklenburg), wo sie „Stukas" (Sturzkampfflugzeuge), Bomber und Jagdflugzeuge testete. Für männliche Piloten war dies eine ungeheure Provokation.

Zwischen den Jahren 1937 und 1939 stellte Hanna Reitsch neben ihrer eigentlichen Arbeit und verschiedenen Reisen einen fliegerischen Weltrekord nach dem anderen auf. 1937 schaffte sie mit einem Flug von der 950 Meter hohen Wasserkuppe in der Rhön bis nach Hamburg den Strecken-Weltrekord. Als erste Pilotin der Welt überquerte sie im Mai 1937 mit dem Segelflugzeug „Sperber Junior" im Segelflug die Alpen. Zudem flog sie 1937 in Bremen als erste Frau den von Professor Heinrich Focke (1890–1979) konstruierten Hubschrauber „Focke Wulf 61".

1938 stellte Hanna Reitsch mit einem Segelflugzeug einen Weltrekord im Zielflug auf, als sie von Darmstadt zur Wasserkuppe in der Rhön und zurück nach Darmstadt segelte. Im selben Jahr siegte Hanna beim „Deutschen Segelflug-Strecken-Wettbewerb" von der Nordseeinsel Sylt nach Breslau (Schlesien), bei dem sie die einzige weibliche Teilnehmerin war. In der riesigen „Deutschlandhalle" wagte Hanna Reitsch im Frühjahr 1938 während der „Internationalen Automobilausstellung" in Berlin mit dem Hubschrauber den ersten Hallenflug der Welt. Für den amerikanischen Flugpionier Charles A. Lindbergh (1902–1974) war dies das größte technisch-fliegerische Ereignis seines Lebens.

Im Februar 1939 beteiligte sich Hanna Reitsch an einer deutschen Expedition zur Messung der Aufwindverhältnisse in Nordafrika. Im Juli 1939 stellte sie auf der Strecke von Magdeburg nach Stettin den Frauen-Segelflugweltrekord im Zielflug auf.

*Amerikanischer Flugpionier Charles A. Lindbergh (1902–1974)
am 31. Mai 1922 vor seinem Flugzeug „Spirit of St. Louis",
Library of Congress, Prints and Photographs Division, Washington,
digital ID cph.3a23920, http://hdl.loc.gov/loc.pnp/cph.3a23920
(via Wikimedia Commons), Lizenz: gemeinfrei (Public domain)*

Nach Ausbruch des Zweiten Weltkrieges am 1. September 1939 wurde die Sportfliegerei unmöglich. Hanna Reitsch flog 1939 den Großsegler „DFS 230" ein, der für Luftlandetruppen der Wehrmacht bestimmt war. Außerdem führte sie mit der „DO 17" und mit der „HE 111" etwa 150 Ballonseilkappversuche durch. Dabei ging es darum, Stahlseile von Ballonsperren mit einem vor dem Bug angebrachten Gerät zu zerschneiden. Bei diesen Versuchen erkrankte sie schwer an Scharlach, lag drei Monate lang im Krankenhaus und befürchtete, dass ihre Augen Schaden genommen haben könnten und sie nicht mehr fliegen könne. Doch diese Sorge war unbegründet.

Im Oktober 1942 flog Hanna Reitsch in Augsburg bei Messerschmitt das erste Raketenflugzeug der Welt, die „ME 163 A", und später die „ME 163 B". Diese von dem Flugzeugkonstrukteur Aleander Lippisch (1894–1976) entwickelte Maschine erreichte bereits Sekunden nach dem Start eine Geschwindigkeit von 400 Stundenkilometern und bei einem Steigwinkel von 60 bis 70 Grad in anderthalb Minuten etwa 10.000 Meter Höhe. Bei ihrem fünften Versuch mit dem Raketenflugzeug löste sich dessen Fahrwerk nicht. Hanna wollte keinesfalls mit dem Fallschirm abspringen und die teure Maschine einem ungewissen Schicksal überlassen. Bei ihrem Landeversuch sackte die „ME 163" in etwa 80 Meter Höhe durch. und krachte auf einen Acker. Hanna öffnete das Kabinendach und meinte zunächst, sie sei unverletzt geblieben. Doch dann bemerkte sie, dass Ströme von Blut an ihr herabliefen, tastete ihren Kopf ab und fühlte dort, wo sich sonst die Nase befand, einen breiten Spalt. In einem Regensburger Krankenhaus stellten Ärzte einen vierfachen Schädelbasisbruch, zwei Gesichtsschädelbrüche, eine Gehirnquetschung und eine gespaltene Nase fest. Außerdem war der Oberkiefer total verschoben. Wie durch ein Wunder überstand sie die sofortige Operation und die Nacht darauf. Im Regensburger Krankenhaus verlangte Hanna immer wieder nach ihrer Freundin Dr. Adelheid von Berg, die als Chirurgin am Robert-Koch-Krankenhaus in Berlin arbeitete. Von ihr wollte sie wissen, wie es um sie stand und ob sie nach ihrer Genesung wieder fliegen könne. Als die Ärztin bei der Autofahrt nach Regensburg tödlich verunglückte und Hanna davon erfuhr, fiel sie in tiefe Bewusstlosigkeit und niemand glaubte mehr an ihre Heilung. Sie musste fünf Monate im Krankenhaus verbringen und konnte dieses erst im März 1943 verlassen.

Erst kehrte Hanna Reitsch zu ihren Eltern nach Hirschberg zurück, dann erholte sie sich in einem einsam gelegenen Landhaus. Um sich wieder an das Fliegen zu gewöhnen und ihr Gleichgewichtsgefühl zurück zu gewinnen, kletterte sie auf das spitze Giebeldach des Hauses, setzte sich auf den First, umklammerte den Schornstein und ließ ihren Blick langsam über die Dachziegel bis zum Boden und zurück schweifen und wiederholte dies immer wieder. Außerdem kletterte sie auf Bäume und unternahm immer längere Spaziergänge im Riesengebirge. Auf dem Flugplatz Breslau-Schöngarten gewöhnte sie sich wieder an das Fliegen. Zuerst mit reinem Segelflug, später mit Kunstflugfiguren. Ihr Zustand wurde täglich etwas besser. Eines Tages stellten Ärzte ihre völlige Heilung fest und befanden sie wieder flugtauglich.

Ab August 1943 erprobte Hanna Reitsch zusammen mit dem Piloten Heinz Kensche (1909–1970) die zur bemannten Rakete umgebaute „V1". Ab dem Winter 1943/1944 setzte sie sich für die Entwicklung so genannter Selbstopfer-Flugzeuge ein. Dieses Projekt sah bemannte Bomben vor, bei denen – ähnlich wie beim japanischen „Kamikaze" – der Tod des Piloten in Kauf genommen wurde. Bei der deutschen Luftwaffenführung stieß dieses Projekt, das Hanna Reitsch am 28. Februar 1944 dem nationalsozialistischen Diktator Adolf Hitler (1889–1945) vorschlug, auf starken Widerstand und wurde nicht verwirk-licht.

Als Testpilotin war Hanna Reitsch furchtloser und tollkühner als viele ihrer männlichen Kollegen. Für ihre Leistungen als Testpilotin, bei denen sie einige schwere Verletzungen erlitt, erhielt sie während des Zweiten Weltkrieges hohe Auszeich-nungen. Man verlieh ihr das „Eiserne Kreuz II" („EK II") und das „EK I" – Letzteres nahm sie als erste und einzige Frau der deutschen Geschichte entgegen – sowie das „Goldene Militärfliegerabzeichen mit Diamanten".

Hanna Reitsch war eine begeisterte Anhängerin von Adolf Hitler, aber – laut Online-Lexikon „Wikipedia" – keine „klassische Nationalsozialistin". Sie gehörte keiner NS-Organisation an und lehnte die NS-Rassenpolitik ab. Als sie von Gerüchten über Vernichtungslager erfuhr, sprach sie – privat und politisch naiv – ausgerechnet den „Reichsführer SS", Heinrich Himmler (1900–1945), auf den Wahrheitsgehalt dieser Behauptungen an. Himmler war neben Hitler für Terrormaßnahmen wie Konzentrationslager („KZ") gegen die Gegner des Regimes und für die Vernichtung der Juden verantwortlich.

Am 26. April 1945 flog Hanna Reitsch mit einem „Fieseler Storch" zusammen mit Generaloberst Robert Ritter von Greim (1892–1945) in das von den Russen eingeschlossene Berlin. Auf dem Weg in die deutsche Hauptstadt wurde Greim von einem russischen Bomber an einem Bein getroffen. Der Grund für dieses gefährliche Unternehmen war, dass Adolf Hitler

Robert Ritter von Greim (1892–1945) im Jahre 1939,
Foto: Bundesarchiv, Bild 183-2004-1220-500 / CC-BY-SA
(via Wikimedia Commons),
lizensiert unter CreativeCommons-Lizenz by-sa-3.0-de,
http://creativecommons.org/licenses/by-sa/3.0/legalcode

darauf bestanden hatte, Greims Ernennung zum Nachfolger von Hermann Göring als Oberbefehlshaber der Luftwaffe persönlich vorzunehmen.

In der Nacht bat der „Führer" in der Reichskanzlei Hanna Reitsch zu sich und erklärte, die große Sache, für die er gelebt und gekämpft habe, scheine nun verloren, sofern nicht die Armee von General Walther Wenck (1900–1982), die schon nahe sei, den Ring der Belagerer durchbreche und Entsatz schaffe. Er gab der Fliegerin eine Phiole mit Gift. Nur mit Mühe kam Hanna Reitsch aus Berlin wieder heil heraus. Sie flog mit Feldmarschall von Greim nach Plön zu Admiral Karl Dönitz (1891–1980). Hitler beging am 30. April 1945 in Berlin Selbstmord.

Am 8. Mai 1945 landete Hanna Reitsch mit dem fieberkranken Feldmarschall von Greim in Zell am See (Österreich), wo beide von der Kapitulation Deutschlands erfuhren. Der Krieg war nun zu Ende. Hanna wollte ihre Eltern, die sich damals zusammen mit ihrer Tochter Heidi, deren drei Kindern und der Hausangestellten Anni in Salzburg aufhielten, informieren, dass sie noch lebt. Doch ihre Familie hatte den Freitod gewählt, weil der Vater einem falschen Gerücht geglaubt hatte, alle Flüchtlinge würden dorthin zurückgeschickt, wo sie herkamen – also nach Schlesien, wo russische Soldaten Gräueltaten begingen.

Hanna Reitsch geriet mit dem „Stab Kesselring" in Zell am See in Gefangenschaft. Von Mai 1945 bis November 1946 war sie amerikanische Kriegsgefangene in Deutschland. Im Dezember 1947 wurde sie als „Nichtbetroffene" entnazifiziert, da sie keiner NS-Organisation angehört hat.

1952 errang Hanna Reitsch als einzige teilnehmende Frau bei den Segelflug-Weltmeisterschaften in Spanien unter den besten

Indischer Premierminister
Jawaharlal („Pandit") Nehru (1889–1964) im Jahre 1959,
Foto: Bundesarchiv, Bild 183-61849-0001 / CC-BY-SA
(via Wikimedia Commons),
lizensiert unter CreativeCommons-Lizenz by-sa-3.0-de,
http://creativecommons.org/licenses/by-sa/3.0/legalcode

40 Fliegern der Welt den dritten Preis. Ab 1954 arbeitete sie als Forschungspilotin bei der „Deutschen Versuchsanstalt für Luftfahrt" („DVL") in Darmstadt.

1955 wurde Hanna Reitsch bei den nationalen deutschen Segelflugmeisterschaften deutscher Segelflugmeister. 1956 stellte sie im freien Streckenflug mit 370 Kilometern den deutschen Frauen-Segelflugrekord auf. 1957 gelang ihr mit 6.848 Metern der deutsche „Frauen-Höhensegelflugrekord" und gewann sie den „1. Diamanten" („Höhen-Diamanten") zur „Gold-C". 1958 konnte sie nicht an den Segelflug-Weltmeisterschaften in Polen teilnehmen, weil ihr das Visum für die Einreise verweigert wurde.

Auf Wunsch von Premierminister Jawaharlal („Pandit") Nehru (1889–1964) baute Hanna Reitsch 1959 in Indien eine Segelflugschule auf. Sie war persönlicher Gast von Nehru und ist mit ihm gesegelt. 1960 erflog sie im 300 Kilometer-Dreiecksflug den „2. Diamanten" zur „Gold-C". 1961 lud man sie in die USA ein, wo Präsident John F. Kennedy (1917–1963) sie im „Weißen Haus" empfing.

1962 errichtete Hanna Reitsch mit zwei Fliegerkameraden eine Segelflugschule in Ghana, die sie bis 1966 leitete. 1970 gelangen ihr ein neuer deutscher Frauen-Segelflugrekord, der Gewinn des „3. Diamanten" (500 Kilometer Strecke) zur „Gold-C" und der Sieg in der Damenklasse im „Deutschen Segelflug-Wettbewerb". Im September 1971 war sie bei den ersten „Hubschrauber-Weltmeisterschaften" Erste in der Damenklasse.

Im Mai 1972 stellte Hanna Reitsch im Geschwindigkeitsflug über die 300 Kilometer-Dreiecksstrecke einen deutschen Frauen-Segelflugrekord auf, 1977 einen weiteren deutschen Frauen-Segelflugrekord (Ziel–Rückkehr über 644 Kilometer) und 1978 den Frauen-Segelflug-Weltrekord. Im September 1972 ernannte die „Society of Experimental Test Pilots" in Kalifornien (USA) die Fliegerin Hanna Reitsch zum Ehren-mitglied. Einen Monat später wurde sie in Arizona vom „International Order of Characters" zum „Pilot des Jahres 1971" gewählt.

Aus Verärgerung darüber, dass man ihr in der Bundesrepublik Deutschland – bei aller ihr zugestandenen Naivität – eine „Glorifizierung des NS-Regimes" vorwarf, gab Hanna Reitsch 1974 ihre deutsche Staatsangehörigkeit auf und wurde Öster-reicherin. 1975 verlieh man ihr die „Internationale Kette der „Windrose".

Von Hanna Reitsch stammen die Bücher „Fliegen – Mein Leben" (1951), „Ich flog für Kwame Nkrumah" (1968), „Das Unzerstörbare in meinem Leben" (1975) und „Höhen und Tiefen – 1945 bis zur Gegenwart" (1978). Bei Vorträgen sprach sie selten in der Ich-Form, sondern redete von „wir" und meinte damit die Flieger aller Nationen.

In ihren nach Kriegsende veröffentlichten Büchern findet man – laut Online-Lexikon „Wikipedia" – keine Ansätze zur kritischen Auseinandersetzung mit dem Nationalsozialismus. Zwar gehe sie auf ihre zahlreichen Begegnungen mit NS-Führern wie Hitler, Göring und Himmler ein, vermeide aber jede Wertung.

Als Hanna Reitsch 1978 gefragt wurde, wie lange sie noch fliegen wolle, antwortete sie „so lange ich lebe". Und dies tat sie auch. Am 24. August 1979 starb Hanna Reitsch nach kurzer Krankheit im Alter von 67 Jahren in Frankfurt am Main an akutem Herzversagen. Ihrem Wunsch entsprechend, hat man sie in aller Stille auf einem Friedhof in Salzburg an der Seite ihres Vaters und ihrer Mutter bestattet.

2003 wurde die deutsche Rekordfliegerin Hanna Reitsch von „Women in Aviation International" in ihre Liste der 100 wichtigsten Frauen in der Luftfahrt aufgenommen.

Sophie Blanchard (1778–1819)
Bild: Reproduktion eines Kupferstiches von Jules Porreau aus dem Jahre
1859, der nach ihrem Tod entstand

Frauen in der Luftfahrt

4. Juni 1784: Die französische Opernsängerin Elisabeth Thible, nach anderer Schreibweise auch Tible, fliegt in Lyon als erste Frau in einem Heißluftballon (Montgolfière) mit.

10. November 1798: Die Französin Jeanne Labrosse (1775–1845), die Ehefrau des Luftakrobaten André-Jacques Garnerin (1769–1823), unternimmt als erste Frau selbstständig einen Flug in einem Ballon.

12. Oktober 1799: Jeanne Labrosse wagt als erste Frau der Welt aus einer Höhe von rund 900 Metern einen Fallschirmsprung.

7. Juli 1819: Die erste professionelle Luftschifferin Frankreichs, Madeleine Sophie Blanchard (1778–1819), kommt in Paris bei einer Ballonfahrt als erste Frau beim Fliegen ums Leben.

Um 1850: Die französische Fallschirmspringerin Rosalie Poitevin (1819–1908) stellt in Parma (Italien) mit einem Sprung aus rund 2.000 Metern einen Frauenrekord auf, der erst 1931 von der Deutschen Lola Schröter (1906–1953) überboten wird.

4. Juli 1880: Mary Hawley Myers (1849–1932) unternimmt in Little Falls (New York) als erste Amerikanerin einen Alleinflug mit einem Ballon.

19. Juli 1893: Käthe Paulus (1868–1935) unternimmt in Nürnberg (Bayern) zusammen mit ihrem Verlobten Hermann Lattemann (1852–1894) ihren ersten Ballonflug. Sie gilt als erste Luftschifferin in Deutschland.

1893: Die Luftschifferin Käthe Paulus wird in Elberfeld bei Wuppertal die erste deutsche Fallschirmspringerin.

9. Juli 1903: Die Amerikanerin Aida de Acosta (1884–1962) unternimmt in Paris als erste Frau einen Alleinflug in einem lenkbaren Luftschiff.

1906: Die Amerikanerin E. Lillian Todd (1865–1937) entwirft und baut als erste Frau ein Flugzeug, das allerdings nie fliegt.

8. Juli 1908: Die französische Bildhauerin Thérèse Peltier (1873–1926) unternimmt in Turin (Italien) an Bord eines Doppeldeckers zusammen mit dem französischen Piloten Léon Delagrange (1873–1910) den ersten Flug mit einem weiblichem Passagier.

7. Oktober 1908: Edith Berg fliegt als erste Amerikanerin in Le Mans (Frankreich) in einem Flugzeug mit. Sie ist eine Passagierin des amerikanischen Luftpioniers Wilbur Wright (1867–1912) und die Ehefrau von Hart O. Berg, des europäischen Agenten von Wright.

26. Oktober 1909: Die Französin Marie Marvingt (1875–1963) fliegt als erste Frau mit einem Ballon von Frankreich nach England.

8. März 1910: Die französische Schauspielerin Raymonde de Laroche (1844–1919) wird die erste Pilotin der Welt.

9. April 1910: Hélène Dutrieu (1877–1961) wird die erste Pilotin in Belgien.

19. April 1910: Hélène Dutrieu fliegt als erste Frau der Welt einen Passagier.

Sommer 1910: Hilda Hewlett (1864–1943) wird Mitbegründerin der ersten Flugschule in England.

2. September 1910 (oder 6. September oder Mitte Oktober): Blanche Stuart Scott (1889–1970) wird angeblich die erste amerikanische Pilotin. Ihr Flug wird von der „Aeronautical Society of America" nicht anerkannt, weil er zufällig erfolgt.

16. September 1910: Bessica Medlar Raiche (1875–1932) wird angeblich die erste amerikanische Pilotin.

8. November 1910: Marie Marvingt wird die dritte Frau mit Pilotenlizenz in Frankreich.

1. August 1911: Harriet Quimby (1875–1912) wird die erste Amerikanerin mit Pilotenlizenz.

10. August 1911 (4. September 1911) : Lidija Swerewa (1890–1916) wird die erste Pilotin in Russland.

17. August 1911: Matilde Moissant (1878–1964) wird die zweite Amerikanerin mit Pilotenlizenz.

29. August 1911: Hilda Hewlett wird erste Britin mit Pilotenlizenz.

4. September 1911: Harriet Quimby unternimmt als erste Frau einen Nachtflug.

13. September 1911: Melli Beese-Boutard (1886–1925) legt an ihrem 25. Geburtstag als erste Deutsche die Pilotenprüfung ab.

10. Oktober 1911: Beatrix de Rijk (1883–1958) wird eine der ersten Pilotinnen in Holland.

Dezember 1911: Die Amerikanerinnen Harriet Quimby und Matilde Moisant (1878–1964) unternehmen als erste Pilotinnen einen Flug über Mexiko.

16. April 1912: Harriet Quimby überfliegt als erster weiblicher Pilot den Ärmelkanal (Englischer Kanal).

Juli 1912: Lilly Steinschneider (1891–1975) wird die erste Pilotin in Österreich-Ungarn.

2. September 1912: Die Französin Jeanne Pallier (1871–1939) fliegt bei ihrer Pilotenprüfung als erste Frau über Paris.

1912: Die Pilotin Ruth Law (1887–1970) fliegt als zweite Amerikanerin bei Nacht.

21. November 1912: Die russische Pilotin Ljuba Galanschikoff (1884–1968) stellt einen Höhenweltrekord für Frauen auf. Sie

erreicht mit einem geliehenen Fokker-Eindecker eine Höhe von 2.000 Metern.

5. Januar 1913: Rosina Ferrario (1888–1959) wird die erste Pilotin in Italien, die vor dem Ersten Weltkrieg eine Fluglizenz erhält,

31. Juli 1913: Die amerikanische Pilotin Alys McKey („Tiny") Bryant (1880–1954) unternimmt in Vancouver den ersten Flug einer Frau in Kanada. Ihre Flüge in Kanada waren Teil des Unterhaltungsprogramms für den Prinzen von Wales und den Herzog von York, die Vancouver und Victoria be-suchen.

20. August 1913: Ljuba Galanschikoff unternimmt zusammen mit dem Piloten Léon Letort (1888–1913) den ersten Flug innerhalb eines Tages von Berlin nach Paris.

September 1913: Katherine Stinson (1891–1977) betätigt sich in Montana als erste Luftpostpilotin der USA.

1913: Hélène Dutrieu wird erstes weibliches Mitglied der „Pariser Luftwache" und schützt die französische Hauptstadt im Ersten Weltkrieg (1914–1918) vor Angriffen deutscher Flugzeuge und Militärluftschiffe.

19. Mai 1914: Die russische Pilotin Lydija Swerewa (1890–1916) fliegt in Riga (Litauen) als erste Frau einen Looping (Kunstflugfigur in senkrechter Kreisbahn).

6. Juni 1914: Else Haugk (1889–1973) wird die erste Pilotin der Schweiz.

1914: Prinzessin Eugenie Michailowna Shakhovskaya (1889–1920) wird die erste russische Militärpilotin. Sie unternimmt als Fähnrich im Dienste des Zaren etliche Aufklärungsflüge.

1915: Die Schwestern Marjorie Stinson (1896–1975 und Katherine Stinson (1891–1977) betreiben mit ihrer Mutter Emma Beaver Stinson in Texas die erste von Frauen geleitete Flugschule.

17. Januar 1915: Ruth Law (1887–1970 wagt in Daytona Beach (Florida) als erste amerikanische Pilotin einen Looping. Ihrer Landsmännin Katherine Stinson glückt dieses Kunststück am 18. Juli 1915 über dem Flugplatz „Cicero Field" in Chicago.

1915: Nahdeshda Degtera, deren Geburts- und Todesdatum unbekannt sind, ist die erste russische Pilotin, die bei einem Kampfeinsatz im Ersten Weltkrieg verwundet wird.

1916: Die Deutsche Käthe Paulus erfindet den zusammenlegbaren Fallschirm.

12. Juli 1919: Raymonde de Laroche stellt einen Höhenrekord für Frauen auf (4.800 Meter).

1919: Ruth Law befördert als erster Flieger Luftpost zu den Philippinen.

30. Mai 1920: Elsa Andersson (1897–1922) wird die erste schwedische Pilotin.

15. August 1920: Die amerikanische Pilotin Laura Bromwell (1899–1920) fliegt 87 Loopings und schafft damit einen Weltrekord.

1. April 1921: Die französische Pilotin Adrienne Bolland (1896–1975) fliegt als erste Frau über die Anden.

Mai 1921: Laura Bromwell fliegt 199 Loopings und stellt damit einen neuen Weltrekord auf.

15. Juni 1921: Die schwarze Amerikanerin Bessie Coleman (1893–1926) erhält in Frankreich ihre Fluglizenz und wird die erste afro-amerikanische Pilotin.

2. Oktober 1921: Elsa Andersson ist nach einem Absprung in Kristianstad die erste schwedische Fallschirmspringerin.

8. April 1922: Teresa de Marzo (1903–1986) wird die erste Pilotin in Brasilien.

1922: Tadashi Hyodo (1899–1980) wird die erste Pilotin in Japan.

3. September 1922: Bessie Coleman unternimmt den ersten öffentlichen Flug einer afro-amerikanischen Pilotin in den USA. Dabei springt der farbige Stuntman Hubert Fauntleroy Julian mit einem Fallschirm ab.

Oktober 1922: Lillian Gatlin aus Santa Ana (Kalifornien) wird die erste Passagierin bei einem Flug über Amerika. Sie reist von San Francisco (Kalifornien) nach Mineola (New York).

Der 2.680 Meilen-Nonstop-Flug dauert 27 Stunden 11 Minuten.

1925: Thea Rasche (1899–1971) wird erste Deutsche mit Kunstflugschein.

1925: Kwon Ki-ok (1901–1988) wird die erste Pilotin aus Korea.

1925: Lady Mary Heath (1896–1939) erhält als erste Frau in Großbritannien eine kommerzielle Fluglizenz.

28. März 1927: Millicent Maude Bryant (1878–1927) wird die erste Pilotin in Australien.

Mai 1927: Lady Mary Heath stellt mit 17.000 Fuß (umgerechnet 5.100 Meter) einen Höhen-Weltrekord für Leichtflugzeuge auf.

Ende August 1927: Prinzessin Anne Löwenstein-Wertheim (1864–1927) scheitert beim Versuch einer Atlantiküberquerung von England nach Amerika und kommt dabei ums Leben.

September 1927: Elinor Smith wird im Alter von 16 Jahren die damals jüngste Pilotin der USA.

Oktober 1927: Die Amerikanerin Ruth Elder (1902–1977) scheitert beim Versuch einer Atlantiküberquerung von England nach Amerika.

1927: Phoebe Fairgrave Omlie (1902–1975) wird die erste von der „Civil Aeronautics Administration" („CAA") zugelassene Flugzeugmechanikerin der USA.

1927: Lady Mary Heath unternimmt als erste Frau einen Alleinflug von Südafrika nach England.

1927: Die irische Pilotin Mary Bayley (1890–1960) fliegt als erste Frau über die Irische See.

Januar 1928: Ruth Rowland Nichols (1901–1960) unternimmt zusammen mit dem Piloten Harry Rogers den ersten Nonstop-Flug von New York nach Miami (Florida).

17. und 18. Juni 1928: Die amerikanische Fliegerin Amelia Earhart (1897–1937) fliegt zusammen mit dem Piloten Wilmer Stultz (1899–1929) und dem Mechaniker Louis Gordon von New York nach Paris. Sie ist die erste Frau, die an Bord eines Flugzeuges den Atlantik überquert.

27. Juli 1928. Lady Mary Heath fliegt als erste Frau der Welt ein Passagierflugzeug. Der Start erfolgt in Amsterdam (Niederlande), die Landung in Croydon (Großbritannien).

1928: Maryse Bastié (1898–1952) erwirbt als erste Französin den Führerschein für Passagierflugzeuge.

1928: Die deutsche Pilotin Marga von Etzdorf (1907–1933) wird erste Kopilotin der „Deutschen Luft Hansa" (damalige Schreibweise).

1928: Die irische Pilotin Mary Heath fliegt als erste Frau allein vom „Kap der Guten Hoffnung" (Südafrika) nach Kairo (Ägypten).

1928: Die amerikanische Pilotin Phoebe Fairgrave Omlie fliegt als erste Frau mit einem Leichtflugzeug über die Rocky Mountains.

Oktober 1928: Die deutsche Pilotin Erika Naumann stellt zusammen mit dem schweizerischen Fliegerhauptmann Wirth bei einem Flug von Böblingen (Süddeutschland) nach Wilna (Litauen) einen Weltrekord auf. Die Flugstrecke beträgt 1.305 Kilometer.

17. Dezember 1928: Die amerikanische Pilotin Marjorie Stinson wird bei der Gründungsversammlung der „Early Birds" in Chicago das erste weibliche Mitglied. Bedingung für die Aufnahme bei den „Early Birds" ist für Amerikaner, dass sie bereits vor dem Eintritt der USA in den Ersten Weltkrieg am 17. Dezember 1916 erstmals allein geflogen sind. Für Piloten aus Europa gilt der 4. August 1914 als Stichtag für die Aufnahme bei den „Early Birds".

1928/1929: Mary Bailey (1890–1960) fliegt als erste Frau allein von England nach Südafrika und wieder zurück. Hinflug vom 9. März bis 30. April 1928, Rückflug vom September 1928 bis 16. Januar 1929.

2. Januar 1929: Evelyn („Bobby") Trout unternimmt in Los Angeles (Kalifornien) als erste Frau einen Ganze-Nacht-Flug, der 12 Stunden 11 Minuten dauert.

1929: Florence „Pancho" Barnes" (1901–1975) wird die erste amerikanische Stuntpilotin. Sie wirkt in dem Film „Hells Angels" mit, der 1929 in die Kinos kommt.

1929: Phoebe Fairgrave Omlie wird die erste amerikanische Transportpilotin.

1929: Ilse Esser (1898–1994) promoviert als erste Deutsche in Luftfahrttechnik.

August 1929: Die britische Reporterin Grace Marguerite Hay Drummond-Hay (1895–1946) fliegt als erste Frau mit einem Luftschiff um die Welt. Der Flug erfolgt im deutschen Luftschiff „LZ-127 Zeppelin".

18. bis 26. August 1929: Die amerikanische Pilotin Louise Thaden (1905–1979) gewinnt das erste „Cleveland Women's Air Derby", den ersten Überlandflug-Wettbewerb für Pilotinnen, der scherzhaft als „Powder-Puff-Derby" bezeichnet wird. Der Start erfolgt in Santa Monica (Kalifornien), Ziel ist Cleveland (Ohio), gesamte Flugstrecke mehr als 2.700 Meilen (rund 4.500 Kilometer). Zweite wird Gladys O'Donnel, Dritte Amelia Earhart. Beim legendären „Powder-Puff-Derby" gehen ingesamt 20 Pilotinnen an den Start, von denen 18 aus den USA stammen: Florence („Pancho") Barnes, Marvel Crosson, Amelia Earhart, Ruth Elder, Claire Fahy, Edith Foltz, Mary Haizlip, Jessie Keith-Miller (Australien), Opal Kunz, Ruth Nichols, Gladys O'Donnell, Phoebe Omlie, Neva Paris, Margaret Penny, Thea Rasche (Deutschland), Louise Thaden, Bobbi Trout, Mary von Mach und Vera Dawn Walker. Davon erreichen 13 Frauen das Ziel. Den scherzhaften Begriff

„Powder-Puff-Derby" („Puderquastenrennen") hat der Komiker Will Rogers (1879–1935) geprägt. Er beruht auf dem Kosmetik-Utensil, mit dem sich die Pilotinnen nach den Landungen puderten.

2. November 1929: Amelia Earhart gründet zusammen mit vier anderen bekannten Pilotinnen auf dem Flugplatz „Curtiss Field" in Valley Stream, Long Island (New York), den „Club der Neunundneunzig" („Ninety Nines"), der die Stellung der Frauen in der Luftfahrt stärken soll. Einen solchen Club hatte Clara Trenckman Studer, eine flugbegeisterte Assistentin und Helferin ohne Pilotenschein, angeregt. Die Einladung zur Gründungsversammlung war am 9. Oktober 1929 an 117 Pilotinnen in den USA verschickt und von Fay Gillis, Margorie Brown, Frances Harrel und Neva Paris unterzeichnet worden. Zur Gründungsversammlung kommen 26 Pilotinnen nach Valley Stream. Nur vier der Fliegerinnen reisen mit dem Flugzeug an, die anderen fahren wegen schlechten Wetters mit dem Zug. Ein zweites Treffen erfolgt am 14. Dezember 1929 in New York City. Dabei macht Jean Davis Hoyt (gestorben 1988) den Vorschlag, den Club nach der Zahl der Frauen in den USA zu benennen, die einen Pilotenschein besitzen und Interesse an der Gründung des Clubs zeigen. Neva Paris soll die Wahl einer Präsidentin koordinieren, doch sie kommt Anfang 1930 bei einem Flugzeugabsturz ums Leben. Louise Thaden fungiert als „provisorische Präsidentin" des Clubs. Bald gehörten 99 Fliegerinnen zum Club und dessen Name steht fest. 1931 wird Amelia Earhart zur Präsidentin gewählt und bleibt dies bis 1933. „Ninety Nines" behauptet sich bis heute und zählt derzeit weltweit mehr als 20.000 Mitglieder.

November 1929: Die amerikanischen Pilotinnen Eve-lyn („Bobby") Trout (1906–2003) und Elinor Smith (geboren 1911) unternehmen den ersten Frauenflug mit Luftbetan-kung.

Dezember 1929: Amy Johnson (1903–1941) wird die erste Flugzeugmechanikerin in Großbritannien.

5. bis 24. Mai 1930: Die britische Pilotin Amy Johnson-Mollisson (1903–1941) fliegt als erste Frau allein von England nach Australien.

1930: Die britische Fliegerin Beryl Markham (1902–1986) wird die erste Berufspilotin Afrikas.

1930: Anne Morrow Lindbergh (1906–2001) wird die erste Segelfliegerin der USA.

6. März 1931: Ruth Rowland Nichols stellt mit 8.760,9 Metern einen Höhen-Weltrekord für Frauen auf.

13. April 1931: Ruth Rowland Nichols stellt mit 339,1 Stundenkilometern einen Geschwindigkeits-Weltrekord für Frauen auf.

1931: Leyla Mammadbeyova (1909–1989) wird die erste Pilotin in Aserbaidschan.

Juni 1931: Ruth Rowland Nichols scheitert beim Atlantik-überflug.

18. bis 29. August 1931: Die deutsche Pilotin Marga von Etzdorf (1907–1933) fliegt allein von Berlin nach Tokio.

1931: Pauline Mary Gower (1910–1947) betreibt den ersten Lufttaxidienst in Großbritannien.

1931: Die deutsche Pilotin Vera von Bissing (1906–2002) beherrscht als einzige Frau den Looping nach vorn.

1931: Die deutsche Fallschirmspringerin Lola Schröter (1906–1953) stellt mit einem Sprung aus 6.000 Metern Höhe einen Frauenrekord auf.

Oktober 1931: Hazel Ying Lee (1912–1944) erhält als eine der ersten chinesisch-amerikanischen Frauen eine Fluglizenz.

4. Dezember 1931: Die deutsche Fliegerin Elly Beinhorn (1907–2007) startet zu einem erfolgreichen Weltflug. Sie ist die erste Frau, die alle fünf Erdteile mit dem Flugzeug überfliegt.

26. Dezember 1931: Die australische Pilotin Maude Rose „Lores" Bonney (1897–1994) unternimmt den längsten Ein-Tages-Flug einer Frau von Brisbane nach Wangaratta (1.600 Kilometer).

20. Mai 1932: Die amerikanische Fliegerin Amelia Earhart fliegt mit einem einmotorigen Flugzeug als erste Frau über den Atlantik. Sie startet in Harbor Grace (Neufundland) und landet unweit von Londonderry (Nordirland).

Mai 1932: Die deutsche Schauspielerin und Pilotin Antonie Strassmann (1901–1952) fliegt an Bord des Flugschiffes „Do-X" von den USA nach Deutschland. Sie ist die erste Europäerin, die als fliegender Passagier den Atlantik überquert.

August/September 1932: Maude Rose „Lores" Bonney fliegt als erste Frau um Australien.

5. September 1932: Die amerikanische Pilotin Mary Haizlip (1910–1997) stellt in Cleveland (Ohio) mit 405,92 Stundenkilometern einen Geschwindigkeitsrekord für Frauen auf.

1932: Die Chinesin Katherine Cheung (1904–2003) wird die erste Asiatin mit Pilotenlizenz in den USA.

1932: Ruthy Tu (gestorben 1969) wird die erste Pilotin in der Chinesischen Armee.

1932: Die deutsche Pilotin Rosl Richter und ihr Ehemann unternehmen mit einem Leichtflugzeug einen Weltflug.

1932: Der Fallschirmspringerin ola Schröter gelingt ein Rekordsprung aus 7.300 Metern Höhe.

1932: Luise Hoffmann (1910–1935) wird erste Werkspilotin in Deutschland.

1932: Phoebe Fairgrave Omlie wird die erste Regierungsbeamtin für Luftfahrt in den USA.

1932: Fay Gillis Wells (1908–2002) fliegt als erste Amerikanerin ein sowjetisches Zivilflugzeug.

10. bis 21. April 1933: Maude Rose „Lores" Bonney fliegt mit einer Maschine des Typs „Gipsy Moth" namens „My little Ship" als erste Frau von Australien nach England (Start in Brisbane, Landung in London. Flugstrecke rund 20.000 Kilometer).

1933: Freda Thompson (1909–1980) wird die erste Fluglehrerin in Australien.

28. Januar bis 25. April 1934: Die Amerikanerin Laura Ingalls (1901–1967) unternimmt als erste Frau einen Alleinflug von Nordamerika nach Südamerika.

21. März 1934: Laura Ingalls fliegt als erste Amerikanerin über die Anden.

Mai 1934: Die Neuseeländerin Jean Batten (1909–1982) unternimmt als erste Frau einen Flug von England nach Australien und zurück.

1934: Die Französin Maryse Bastie (1898–1952) fliegt als erste Frau von Paris nach Tokio und zurück.

28. September bis 6. November 1934: Die australische Pilotin Freda Thompson unternimmt den ersten Alleinflug einer Frau von England nach Australien. Während dieser insgesamt 39 Tage langen Flugreise muss sie 20 Tage auf ein Ersatzteil warten.

23. Oktober 1934: Die amerikanische Ballonfahrerin Jeannette Piccard (1895–1981) fliegt als erste Frau in die Stratosphäre: Sie steigt zusammen mit ihrem Ehemann Jean-Felix Picard (1884–1963) über dem Erisee in eine Höhe von 17.550 Metern auf.

31. Dezember 1934: Die Amerikanerin Helen Richey (1909–1947) wird die erste Pilotin bei einer planmäßigen Airline („Central Airlines").

Anfang 1935: Der amerikanischen Fliegerin Amelia Earhart glückt der erste Flug von Hawaii zum amerikanischen Festland. Diese Route ist länger als die Strecke von den USA nach Europa.

April 1935: Liesel Zangenmeister stellt in Rossitten (Ostpreußen) mit 12 Stunden 57 Minuten einen Dauer-Weltrekord im Segelflug auf.

1935: Amelia Earhart unternimmt als Erste einen Alleinflug von Los Angeles (Kalifornien) nach Mexico City (Mexiko), Flugzeit 13 Stunden 23 Minuten.

1935: Amelia Earhart unternimmt als Erste einen Alleinflug von Mexico City nach Newark, Flugzeit 14 Stunden 19 Minuten.

Ende 1935: Jean Batten fliegt als erste Frau von England nach Südamerika (Brasilien), Flugstrecke rund 5.000 Meilen (umgerechnet 8.000 Kilometer), Flugzeit 61 Stunden 15 Minuten

1936: Katarina Matanovic-Kulenovic (1913–2003) wird die erste kroatische Pilotin.

4. September 1936: Louise Thaden (1905–1979) und Blanche Noyes (1900–1981) besiegen als erste Frauen bei einem Flugwettrennen („Bendix Trophy Race") männliche Piloten. Sie fliegen sie von New York City nach Los Angeles in 14 Stunden 55 Minuten und stellen damit einen Weltrekord auf.

4./5. September 1936: Die englische Pilotin Beryl Markham (1902–1986) fliegt als erste Frau allein von London (England) über den Atlantik nach Nova Scotia (Kanada).

1936: Jean Batten fliegt als erste Frau über den Südatlantik.

1936: Laura Ingalls fliegt als erste Frau nonstop von der Ostküste zur Westküste der USA.

März 1937: Jean Burns wird im Alter von 17 Jahren die jüngste Pilotin in Australien.

17. Mai 1937: Die deutsche Fliegerin Hanna Reitsch (1912–1979) wird als erste Frau der Welt ehrenhalber zum Flugkapitän ernannt. Dieser Titel war sonst Flugzeugführern der „Deutschen Lufthansa" vorbehalten.

Mai 1937: Hanna Reitsch überquert als erste Pilotin der Welt im Segelflug die Alpen.

Juni 1937: Die deutsche Pilotin Eva Schmidt (1914–1945) erreicht eine Weltbestleistung im Segelflug-Streckenflug für

Frauen vom Hornberg (Schwäbische Alb) nach Plauen im Vogtland (Sachsen) und einen Dauerflug-Rekord von 14 Stunden.

Juni 1937: Inge Wetzel stellt in Rossitten (Ostpreußen) mit 18 1/2 Stunden einen Segelflug-Weltrekord im Dauerflug auf, wird aber bereits im Juli 1937 von Feodora Schmidt übertroffen.

1937: Amelia Earhart fliegt – im Rahmen ihrer Erdumrundung – als Erste vom Roten Meer nach Indien.

2. Juli 1937: Amelia Earhart und ihr Navigator Fred Noonan (1893–1937) kehren von ihrer geplanten spektakulären Erdumrundung nicht mehr zurück. Um das ungeklärte Verschwinden der Beiden im Pazifik ranken sich zahlreiche Legenden.

4. Juli 1937: Hanna Reitsch fliegt in Bremen als erste Frau einen Hubschrauber.

1937: Maude Rose „Lores" Bonney fliegt als erste Frau allein von Australien (Brisbane) nach Südafrika (Kapstadt), Flugstrecke 29.088 Kilometer.

1937: Sabiha Gökcen (1913–2001) wird die erste Kampfpilotin der Türkei. Sie fliegt Kampfeinsätze in Thrakien und in der Ägäis.

1937: Die deutsche Fliegerin Melitta Schenk Gräfin von Stauffenberg (1903–1945), geborene Melitta Schiller, besitzt als einzige Frau Deutschlands alle Flugzeugführerscheine für sämtliche Klassen von Motorflugzeugen und Segelflugzeugen sowie den Kunstflugschein.

1937: Die Argentinierin Susanna Ferrari Billinghurst (1914–1999) erwirbt als erste Frau in Südamerika einen kommerziellen Pilotenschein.

1937: Die russischen Pilotinnen Marina Raskowa (1912–1943) und Walentina Stepanowna Grisodubowa (1910–1993) stellen mit einem Nonstop-Flug über 1.443 Kilometer einen Frauenweltrekord auf.

1937: Die amerikanische Fliegerin Jacqueline Cochran (1906–1980) macht als erste Frau einen Blindflug (Instrumentenlandung).

28. Oktober 1937: Melitta Schenk Gräfin von Stauffenberg erhält – nach Hanna Reitsch – als zweite Frau der Welt den Titel „Flugkapitän".

Frühjahr 1938: Hanna Reitsch, die erste Frau mit Helikopter-Lizenz, unternimmt in der riesigen Berliner Deutschlandhalle mit einem Hubschrauber den ersten Hallenflug der Welt.

2. Juli 1938: Den russischen Pilotinnen Walentina Stepanowna Grisodubowa (1910–1993), Wera Lomako (geboren 1913), Polina Ossipenko (1907–1939) und Marina Raskowa (1912–1943) gelingt ein Weltrekord-Fernflug für Frauen von Sewastopol nach Archangelsk über eine Flugstrecke von 2.416 Kilometern.

24./25. September 1938: Marina Raskowa, Walentina Stepanowna Grisodubowa und Polina Ossipenko stellen mit einem 5.908,610 Kilometer langen Fernflug von Moskau nach Kerbi unweit des Ochotskischen Meeres einen Weltrekord für Frauen auf. Am 2. November 1938 erhalten sie für diesen Weltrekord-Fernflug als erste Frauen der sowjetischen Geschichte den Titel „Held der Sowjetunion".

1939: Willa Brown Chappell (1906–1992) wird die erste Afro-amerikanerin mit kommerzieller Pilotenlizenz in den USA

1939/1940: Beate Köstlin (1919–2001), später Beate Uhse, wirkt als erste deutsche Stuntpilotin in den Filmen „D III 88" (1939) und „Achtung, Feind hört mit" (1940) mit.

1. Juli 1941: Die Amerikanerin Jacqueline Cochran überführt als erste Frau einen Bomber über den Atlantik.

Ab 1941: Marina Raskowa und sechs andere weibliche Offiziere organisieren drei nur aus Frauen bestehende sowjetische Fliegerregimenter. Am Ende der Ausbildung werden in Engels drei Regimenter aufgestellt: das 586. Jagdfliegerregiment mit „Jak-2"-Flugzeugen, das 587. Tagbomberregiment mit „Pe-2"-Flugzeugen und das mit „U-2"-Flugzeugen ausgerüstete 588. Nachtbomberregiment („Nachthexen"). Kommandantinnen des 586. Jagdflieger-regiments sind: Lydia Litvak, Raisa Belyayeva, Tamara Pamyatnykh, Raya Surnachevskaya, Marina Kuznetsova. Kommandantinnen des 587. Tagbomberregiments sind: Kladiya Fomicheva, Marina Raskowa, Nadeshda Fedutenko.

Kommandantinnen des 588. Nachtbomberregiments sind: Yevodokya Bershanskaya, Yevgeniya Zhigulenko, Tatyana Makorova, Yevdokia Nosal, Nina Ulynenko.

Oktober 1942: Hanna Reitsch fliegt in Augsburg bei „Messerschmitt" das erste Raketenflugzeug der Welt.

21. März 1943: Cornelia Clark Fort (1919–1943) stirbt bei der Überführung einer Maschine des Typs „BT-13A" als erste Pilotin im Dienst der US-Army, als sie über Merkel, Taylor County (Texas), mit einem anderen Flugzeug zusammenstößt. An sie erinnert der 1945 nach ihr benannte „Cornelia Fort Airport" in Nashville (Tennessee).

14. Okober 1944: Die Amerikanerin Ann G. Baumgartner Carl (1918–2008) ist die erste Frau in einem Turbojet-Kampfflieger.

1948: Betty Skelton Frankman Erde (geboren 1926) wird die erste US-Meisterin in Luftakrobatik.

1949: Betty Skelton Frankman Erde stellt mit 7.853 Metern einen Höhenweltrekord für Frauen auf.

16. September 1950: Nancy Bird Walton (1915–2009) gründet die australische Pilotinnenorganisation „Australian Women Pilot's Association" („AWPA")

März 1951: Die deutsche Pilotin Liesel Bach (1905–1992) fliegt als erste Frau über den Himalaja.

April 1953: Iris Wittig (1928–1978) fliegt zusammen mit einem sowjetischen Instrukteur als einer der ersten Piloten in einer „MiG-15UTI", dem ersten Strahlflugzeug der „Deutschen Demokratischen Republik" („DDR").

1951: Betty Skelton Frankman Erde stellt mit 8.850 Metern einen weiteren Höhenweltrekord für Frauen auf.

4. Juni 1953: Die amerikanische Pilotin Jacqueline Cochran erreicht mit einem Düsenjäger des Typs „F-86 Sabre" eine Durchschnittsgeschwindigkeit von 1.042 Stundenkilometern und durchbricht dabei in Sturzflügen aus 14.000 Meter Höhe als erste Frau zwei Mal die Schallmauer.

August 1953: Die französische Fliegerin Jacqueline Auriol (1917–2000) durchbricht mit einem Düsenjäger des Typs „Mystère" mit einer Geschwindkeit von 1.195 Stundenkilometern als erste Europäerin die Schallmauer (Mach1).

1960-er Jahre: Jerrie Cobb besteht als erste Amerikanerin alle drei Tests für das von Jacqueline Cochran finanzierte Programm „Mercury 13". Mit diesem privat finanzierten Programm, das nicht Teil der Astronautenrekrutierung der „NASA" ist, will man beim Wettrennen im Weltraum mit der ersten Frau im All der Sowjetunion zuvorkommen. Der Name des Projektes beruht darauf, dass von den insgesamt 20 getesteten Frauen 13 die Tests bestehen: außer Jerrie Cobb später auch Myrte Cagle, Jan Dietrich, Marion Dietrich, Wally Funk, Janey Hart, Jean Hixson, Gene Nora Stumbough, Irene Leverton, Bernice Steadman, Sarah Ratley, Jerri Truhill und

Rhea Woltman. Jerry Cobb, Rhea Hurle und Wally Funk unterziehen sich in Oklahoma City noch weiteren Tests und einer psychologischen Bewertung. Wenige Tage, bevor einige Frauen sich erweiterten Tests in Pensacola (Florida) in der „Naval School of Aviation Medicine" mit Militärausrüstung und Jets unterziehen sollen, erhalten sie ein Telegramm, in dem der Abbruch des Projekts mitgeteilt wird. Die Navy ist nicht bereit, ihr Equipment für ein inoffizielles Projekt bereitzustellen. Im Mai 2007 verleiht die „University of Wisconsin-Oshkosh" den damals noch acht lebenden Frauen von „Mercury 13" Ehrendoktortitel für ihren „Pioniergeist und die Anstrengungen bei der Weiterentwicklung der Frauenrechte".

16. Juni 1963: Die russische Kosmonautin Walentina Tereschkowa startet in Baikonur (Kasachstan) an Bord des Raumschiffes „Wostock VI" als erste Frau ins Weltall. Sie umkreist 49 Mal die Erde, bevor sie am 19. Juni 1963 in Novosivbirsk landet.

26. August 1963: Diana Barnato Walker (1918–2008) durchbricht als erste Britin die Schallmauer.

19. März bis 17. April 1964: Geraldine „Jerry" Mock fliegt als erste Amerikanerin erfolgreich um die Welt. Vor ihr hatte dies 1931 schon die deutsche Fliegerin Elly Beinhorn getan. Weil der Weltflug von Elly Beinhorn in den USA nicht allgemein bekannt ist, wird Geraldine „Jerry" Mock dort oft irrtümlich als Frau erwähnt, die als Erste um die Welt geflogen sein soll.

Juni 1966: Berta Zeron (1924–2000) wird die erste Frau in Mexiko mit einem kommerziellen Pilotenschein.

1966: Die britische Pilotin Sheila Scott (1927–1988) fliegt 50.000 Kilometer in 189 Flugstunden.

1967: Ursula Bühler-Hedinger (1943–2009) wird die erste schweizerische Linienpilotin und Jetpilotin.

28. März 1967: Fiorenza de Bernardi wird die erste Airline-Pilotin in Italien (nach eigenen Angaben die fünfte der Welt) und im selben Jahr in ihrem Heimatland auch der erste weibliche Flugkapitän.

1969: Turi Wideroe wird der erste weibliche Luftverkehrspilot bei einer großen Fluggesellschaft in Norwegen. Sie fliegt im Dienste der „Scandinavian Airlines Systems" („SAS").

28. Juni 1971: Die amerikanische Pilotin Louise Sacchi (1913–1997) stellt bei einem Flug von New York City nach London innerhalb von 17 Stunden 10 Minuten einen Geschwindigkeitsrekord auf.

1971: Sheila Scott fliegt bei einem Langstreckenflug über 50.000 Kilometer als erste Frau mit einem Leichtflugzeug über den Nordpol.

29. Januar 1973: Emily Howell Warner wird die erste Pilotin für eine kommerzielle Airline in den USA.

22. Februar 1974: Barbara Allen Rainey (1948–1982), geborene Barbara Ann Allen, wird die erste Marinepilotin der US-Marine („United States Navy").

4. Juni 1974: Sally Murphy qualifiziert sich als erste Frau als Pilotin für die „United States Army".

1974: Die Italienerin Fiorenza di Bernardi wird die erste Gletscherpilotin der Welt.

1974: Die Amerikanerin Marry Barr wird die erste Pilotin in der Forstwirtschaft („United States Forest Service") der Vereinigten Staaten.

1974: Captain Leslie F. Kenne wird die erste Frau an der Testpilotenschule der US-Luftwaffe.

1974: Wally Funk wird die erste Inspektorin der Flugsicherung innerhalb der amerikanischen Verkehrsbehörde „National Transportation Safety Board" („NTSB") in Washington D.C. Die „NTSB" befasst sich mit der Aufklärung von Unglücksfällen im Transportwesen (Eisenbahnen, Luftfahrt, Schifffahrt, Pipelines und Autobahnen). Für die Luftfahrt entspricht der Aufgabenbereich der Bundesstelle für Flugunfalluntersuchung in Deutschland.

6. Juni 1976: Emily Howell Warner wird der erste weibliche Kapitän einer US-Airline.

Ende 1976: Die deutsche Pilotin Rita Maiburg (1951–1977) wird der erste und einzige weibliche Flugkapitän im regulären

Liniendienst der westlichen Welt. Die Bulgarin Maria Atanasova kommandiert damals eine düsengetriebene Frachtmaschine, die Engländerin Yvonne Sintes ist Captain bei einer britischen Chartergesellschaft.

1976: Rosemary Bryant Mariner fliegt als erste Frau ein leichtes Kampfflugzeug.

1978: Rhea Seddon, Kathryn Sullivan, Judith A. Resnik (1949–1986), Sally Kristen Ride, Anna Lee Fisher und Shannon Lucid werden als erste Frauen in das Astronautencorps der „NASA" aufgenommen.

11. April 1980: Eleanor Conn unternimmt mit ihrem Ehemann Sidney Conn die erste Ballonfahrt über den Nordpol.

2. Juli 1980: Die Amerikanerin Lynn Rippelmeyer fliegt als erste Frau einen Jumbo-Jet „Boeing 747".

3. Dezember 1980: Die Amerikanerin Janice Brown unternimmt in der Nähe von Marana (Arizona) mit einem kleinen Solarflugzeug namens „Solar Challenger" den ersten Langstrecken-Solarflug (Flugstrecke 6 Meilen, Flugzeit 22 Minuten).

1980: Deborah Jane Lawrie wird die erste Pilotin bei einer australischen Fluggesellschaft.

14. Februar 1981: Neta Snook (1896–1991) ist mit 85 Jahren die älteste Pilotin der USA.

11. März 1981: Die Amerikanerin Doris Grove stellt mit 1.127,68 Kilometern einen Segelflug-Weltrekord auf.

17. Dezember 1982: Die amerikanische Pilotin Mary Haizlip (1910–1997) wird als erste Frau in der Luft- und Raumfahrt in die „Oklahoma Aviation and Space Hall of Fame" aufgenommen.

18. Juni 1983: Die Astronautin Sally Kristen Ride fliegt als erste Amerikanerin im Weltall.

1983: Regula Eichenberger wird die erste Linienpilotin bei einer schweizerischen Airline („Crossair").

19. Juli 1984: Die amerikanische Pilotin Lynn Rippelmeyer fliegt als erster weiblicher Kapitän mit einer „Boeing 747" über den Atlantik. Der Start erfolgt in Newark, die Landung in London-Gatwick.

19. Juli 1984: Die amerikanische Pilotin Beverly Lynn Burns fliegt als erster weibliche Kapitän mit einer „Boeing 747" über die USA. Ihr historischer Flug mit einer Maschine der Fluggesellschaft „PEOPLExpress" führt von Newark nach Los Angeles.

25. Juli 1984: Die sowjetische Kosmonautin Swetlana Sawizkaja unternimmt als erste Frau einen Spaziergang im Weltall.

11. Oktober 1984: Die Astronautin Kathryn Dwyer Sullivan unternimmt als erste Amerikanerin einen Spaziergang im All.

14. Dezember 1986: Die amerikanische Astronautin Jeana Yeaeger startet zusammen mit Dick Rutan mit einem Voyager-Flugzeug zur ersten Nonstop-Weltraumumrundung ohne Auftanken und Zwischenlanden. Sie fliegen in 9 Tagen 3 Minuten 44 Sekunden eine Strecke von insgesamt 42.120 Kilometern.

1989: Gaby Kennard fliegt als erste Australierin mit einem Flugzeug des Typs „Piper Saratoga" namens „Gerty" in 99 Tagen allein um die Welt.

1990: Allana Arnot (geb.oren 1967) fliegt als erste Australierin mit einem Hubschrauber um die Welt.

1990: Rosemary Bryant Mariner wird die erste Kommandantin einer operativen Fliegerstaffel in den USA.

Winter 1990: Rosella Bjornsön wird der erste weibliche Kapitän für eine kommerzielle Fluggesellschaft in Kanada.

14. Mai 1992: Die amerikanische Astronautin Kathryn Thornton unternimmt den längsten Spaziergang im Weltall. Er dauert 7 Stunden 44 Minuten.

12. bis 20. September 1992: Carol Mae Jemison fliegt mit der Raumfähre „Endeauvour" als erste afro-amerikanische Astronautin im Weltall.

1. Oktober 1992: Die Amerikanerin Victoria („Vicki") von Meter (1982–2008) erregt als jüngste Fliegerin der Welt großes Aufsehen. Sie steuert als Zehnjährige erstmals ein Flugzeug,

25. März 1993: Die Britin Barbara Hamer ist die erste Frau, die – als Erster Offizier und Kopilotin – mit einem kommerziellen Überschallflugzeug fliegt. Dies geschieht bei einem Flug mit „British Airways" auf der „Concorde" von London nach New York City.

20. bis 23. September 1993: Vicki van Meter überfliegt im Alter von elf Jahren die USA – von Augusta (Maine) nach San Diego (Kalifornien).

1993: Sarah Deal wird erster weiblicher Pilot des „United States Marine Corps".

21. April 1994: Jackie Parker qualifiziert sich als erste Pilotin für das F-16-Kampfflugzeug.

4. bis 7. Juni 1994: Vicki van Meter überfliegt im Alter von zwölf Jahren den Atlantik.

12. Juli 1994: Die elfjährige Amerikanerin Katrina Mumaw wird das „schnellste Kind der Welt": Sie bricht zusammen mit einem russischen Piloten in einem „MiG-29"-Kampfjet die Schallmauer.

1994: Kara Hultgreen (1965–1994) wird die erste Kampfpilotin der US-Marine in einer „F-14 Tomcat".

3. Oktober 1994 bis 22. März 1995: Die Russin Elena Kondakowa, nach anderer Schreibweise Yelena Vladimirovna Kondakova, unternimmt den ersten Dauerflug einer Frau im All.

3. bis 11. Februar 1995: Eileen Collins wird die erste amerikanische Raumfährenpilotin bzw. Shuttlepilotin.

1995: Martha McSally unternimmt bei der Operation „Southern Watch" als erste Pilotin der US-Luftwaffe (von Kuwait aus) Kontrollflüge in feindlichem Gebiet (Irak). Sie ist die erste Pilotin der „U.S. Air Force", die mit einem Militärflugzeug über Feindgebiet fliegt.

22. März bis 26. September 1996: Shannon Lucid wird mit einem 188 Tage langen Flug die Amerikanerin, die sich am längsten im Weltraum aufhält.

19. November 1997: Kalpana Chawla (1961–2003) unternimmt mit der amerikanischen Raumfähre „Columbia" als erste Inderin einen Flug im Weltall.

16. Dezember 1998: Kendra Williams, Leutnant bei der „United States Navy", bombardiert bei der Operation „Desert Fox" als erster weiblicher Kampfpilot der USA über dem Irak ein feindliches Ziel.

12. Januar 1999: Erstmals ist das Cockpit einer „Swissair"-Maschine ausschließlich mit Frauen besetzt: Kapitän Gabrielle Musy-Lüthi und Kopilotin Claudia Wehrli fliegen einen „Airbus A320" von Zürich-Kloten nach Paris.

23. bis 28. Juli 1999: Eileen Collins wird die erste Kommandantin einer amerikanischen Raumfähre („Space Shuttle").

Januar bis Mai 2001: Die Britin Polly Vacher unternimmt als erste Frau mit einem Kleinflugzeug („Piper PA-28 Cherokee Dakota G-FRGN") – über Australien – einen Flug um die Welt.

6. Mai 2003 bis 27. April 2004: Polly Vacher fliegt von Birmingham aus über den Nordpol, die Antarktis und alle Erdteile. Damit wird sie die erste Frau, die allein die Polarregionen überquert. Bei diesem Unternehmen fliegt sie auch innerhalb von 16 Stunden von Hawaii nach Kalifornien.

Um 2005: Hanadi Zakaria al-Hindi wird der erste weibliche Flugkapitän in Saudi-Arabien.

13. März 2006: Die amerikanische Pilotin Elizabeth A. Okoreeh-Baah fliegt als erste Frau ein senkrecht startendes „V-22 Osprey Tiltrotor"-Flugzeug.

2006: Nicole Malachowski wird als erste Frau bei den „Thunderbirds", einer Kunstflugstaffel der Luftstreitkräfte der USA, aufgenommen.

18. bis 29. September 2006: Die amerikanisch-iranische Multimillionärin Anoushe Ansari wird der erste weibliche Weltraumtourist, der erste weibliche Muslim und die erste Iranerin im Weltraum. Sie startet am 18. September 2006 mit einem Sojus-Raumschiff zur „Internationalen Raumstation" („ISS"), erreicht am 20. September die „ISS" und kehrt am 29. September 2006 mit „Sojus TMA-8" zur Erde zurück.

Autor Ernst Probst,
Foto. Klaus Benz, Fotograf, Mainz-Laubenzheim

DER AUTOR

Ernst Probst, geboren am 20. Januar 1946 in Neunburg vorm Wald im bayerischen Regierungsbezirk Oberpfalz, ist Journalist und Wissenschaftsautor. Er arbeitete von 1968 bis 1971 als Redakteur bei den „Nürnberger Nach-richten", von 1971 bis 1973 in der Zentralredaktion des „Ring Nordbayerischer Tageszeitungen" in Bayreuth und von 1973 bis 2001 bei der „Allgemeinen Zeitung", Mainz. In seiner Freizeit schrieb er Artikel für die „Frankfurter Allgemeine Zeitung", „Süddeutsche Zeitung", „Die Welt", „Frankfurter Rundschau", „Neue Zürcher Zeitung", „Tages-Anzeiger", Zürich, „Salzburger Nachrichten", „Die Zeit", „Rheinischer Merkur", „Deutsches Allgemeines Sonntagsblatt", „bild der wissenschaft", „kosmos", „Deutsche Presse-Agentur" (dpa), „Associated Press" (AP) und den „Deutschen Forschungsdienst" (df). Aus seiner Feder stammen die Bücher „Deutschland in der Urzeit" (1986), „Deutschland in der Steinzeit" (1991), „Rekorde der Urzeit" (1992), „Dinosaurier in Deutschland" (1993 zusammen mit Raymund Windolf) und „Deutschland in der Bronzezeit" (1996). Ab 2000 veröffentlichte er eine 14-bändige Taschenbuchreihe über berühmte Frauen. Von 2001 bis 2006 betätigte sich Ernst Probst als Buchverleger. Bis heute schrieb er mehr als 300 Bücher, Taschenbücher und Broschüren.

Kurzbiografien von Ernst Probst über „Königinnen der Lüfte"

Aida de Acosta. Erster Alleinflug mit einem lenkbaren
Luftschiff
Elsa Andersson. Die erste Pilotin aus Schweden
Jacqueline Auriol. Sie durchbrach als erste Europäerin
die Schallmauer
Liesel Bach. Deutschlands erfolgreichste Kunstfliegerin
Pancho Barnes. Amerikas erste Stuntpilotin
Maryse Bastié. Die Fliegerin, die acht Weltrekorde brach
Jean Batten. Neuseelands berühmteste Pilotin
Melli Beese. Die erste Deutsche mit Pilotenlizenz
Elly Beinhorn. Deutschlands Meisterfliegerin
Vera von Bissing. Eine Kunstfliegerin
der 1930-er Jahre
Sophie Blanchard. Die erste professionelle Luftschifferin
Adrienne Bolland. Die erste Frau, die über die Anden flog
Hèléne Boucher. Die französische „Wunderfliegerin"
Kalpana Chawla. Die erste Inderin im Weltall
Jacqueline Cochran. Die „schnellste Frau der Welt"
Bessie Coleman. Die erste Afro-Amerikanerin mit
Pilotenschein
Eileen Collins. Die erste Raumfähren-Pilotin
Hèléne Dutrieu. Die erste Pilotin in Belgien
Amelia Earhart. Die erste Frau, die zwei Mal über den
Atlantik flog
Ruth Elder. Die erste Frau, die den Flug über den Atlantik
wagte

Marga von Etzdorf. Die tragische deutsche Fliegerin
Elise Garnerin. Die „Venus im Ballon"
Sabiha Gökcen. Die erste türkische Pilotin
Frances Wilson Grayson. Tragischer Flug über den Atlantik
Hilda Hewlett. Die erste britische Fliegerin
Maryse Hilsz. Die Rekordfliegerin aus Frankreich
Luise Hoffmann. Die erste deutsche Einfliegerin
Kara Spears Hultgreen. Die erste „F-14 Tomcat"-
Kampfpilotin
Laura Ingalls. Die erste Amerikanerin, die über
Südamerika flog
Carol Mae Jemison. Die erste afro-amerikanische
Astronautin
Amy Johnson-Mollison. Englands erste
Flugzeugmechanikerin
Thea Knorr. Eine frühe Fliegerin in München (zusammen
mit Josef Eimannsberger)
Raymonde de Laroche. Die erste Pilotin der Welt
Ruth Law. Erste Luftpost für die Philippinen
Anne Morrow Lindbergh. Die erste Amerikanerin
mit Segelflugschein.
Anne Löwenstein-Wertheim. Die fliegende Prinzessin
Shannon Lucid. Der längste Raumflug einer Frau
Angelika Machinek. Eine Segelfliegerin der Weltklasse
Rita Maiburg. Einer der ersten weiblichen
Linienflugkapitäne
Beryl Markham. Die erste Berufspilotin in Ostafrika
Marie Marvingt. Die „Mutter der Luftambulanz"
Christa McAuliffe. Die amerikanische Nationalheldin
Victoria van Meter. Die jüngste Fliegerin der Welt
Jerry Mock. Im Alleinflug um die Erde

Mathilde Moisant. Eine frühe Fliegerin in den USA
Käthe Paulus. Deutschlands erste Luftschifferin
Thérèse Peltier. Die erste Flugzeugpassagierin der Welt
Harriet Quimby. Die erste Amerikanerin mit Flugschein
Bessica Medlar Raiche. Eine der ersten Fliegerinnen
in den USA
Barbara Allen Rainey. Die erste Marinepilotin
der USA
Thea Rasche. The Flying Fräulein
Marina Raskowa. Eine fliegende „Heldin
der Sowjetunion"
Wilhelmine Reichard. Die erste Ballonfahrerin
in Deutschland
Hanna Reitsch. Die Pilotin der Weltklasse
Sally Kristen Ride. Die erste Amerikanerin
im Weltall
Swetlana Sawizkaja. Die erste Spaziergängerin im Weltall
Christl-Marie Schultes. Die erste Fliegerin in Bayern
Blanche Stuart Scott. Die erste Amerikanerin, die ein
Flugzeug flog
Melitta Schenk Gräfin von Stauffenberg.
Deutsche Heldin mit Gewissensbissen
Katherine Stinson und Marjorie Stinson. Die fliegenden
Schwestern
Kathryn Dwyer Sullivan. Rekordspaziergängerin
im Weltall
Walentina Tereschkowa. Die erste Frau im Kosmos
Élisabeth Thible. Die erste Passagierin einer Montgolfière
Kathryn Thornton. Berühmte Spaziergängerin
im Weltall
Sabine Trube. Die deutsche Düsenjet-Kommandantin

Beate Uhse. Deutschlands erste Stuntpilotin
Nancy Bird Walton. Australiens erste und jüngste
Verkehrspilotin

Bestellungen von Broschüren oder E-Books bei:
www.grin.com

Bücher von Ernst Probst

Christl-Marie Schultes. Die erste Fliegerin in Bayern
(zusammen mit Theo Lederer)
Frauen im Weltall
Königinnen der Lüfte
Königinnen der Lüfte von A bis Z. Biografien berühmter
Fliegerinnen, Ballonfahrerinnen, Luftschifferinnen,
Fallschirmspringerinnen und Astronautinnen
Drei Königinnen der Lüfte in Bayern. Thea Knorr –
Christl-Marie Schultes – Lisl Schwab (zusammen
mit Josef Eimannsberger)
Königinnen der Lüfte in Deutschland
Königinnen der Lüfte in Frankreich
Königinnen der Lüfte in England, Australien
und Neuseeland
Königinnen der Lüfte in Europa
Königinnen der Lüfte in Amerika
Sturzflüge für Deutschland. Kurzbiografie der Testfliegerin
Melitta Schenk Gräfin von Stauffenberg (zusammen mit
Heiko Peter Melle)
Theo Lederer. Ein Flugzeugsammler in Bayern
Tony und Bruno Werntgen. Zwei Leben für die Luftfahrt
(zusammen mit Paul Wirtz)

Bestellungen bei: www.grin.com